어린이에게 기쁨을 주는 좋은 책을 만들겠습니다.

이 책의 내용을 교과서에서도 찾아 보세요!

국어 1-1
5단원 다정하게 인사해요
7단원 생각을 나타내요

국어 1-2
4단원 자신 있게 말해요

국어 2-1
3단원 마음을 나누어요
7단원 친구들에게 알려요
8단원 마음을 짐작해요
10단원 다른 사람을 생각해요

국어 2-2
1단원 장면을 떠올리며

나도 이제 초등학생 1

친구를 사귀고 싶어

초등학교 저학년 학생들의 적응을 도와주고 고민도 해결해 주는 실용 동화책입니다.
또래 친구들이 겪는 재밌는 이야기와 학교생활의 비법이 담겨 있어요.
매일 아침, 학교 가는 길이 행복해질 거예요!

나도 이제 초등학생 1
친구를 사귀고 싶어

초판 발행   2015년 01월 15일
초판 20쇄   2025년 12월 10일

글   이현주
그림   천필연
펴낸이   이재현
펴낸곳   리틀씨앤톡
출판등록 제 2022-000106호(2022년 9월 23일)
주소   경기도 파주시 문발로 405 제2출판단지 활자마을
전화   02-338-0092
팩스   02-338-0097
홈페이지 www.seentalk.co.kr
E-mail   seentalk@naver.com
ISBN   978-89-6098-216-1 74810
           978-89-6098-217-8 (세트)

이 도서의 국립중앙도서관 출판예정도서목록(CIP)은 서지정보유통지원시스템 홈페이지(http://seoji.nl.go.kr)와 국가자료공동목록시스템(http://www.nl.go.kr/kolisnet)에서 이용하실 수 있습니다.(CIP제어번호: CIP2016005180)

• 저작권법에 의하여 한국 내에서 보호를 받는 저작물이므로 무단전재 및 복제를 금합니다.
• KC마크는 이 제품이 공통안전기준에 적합하였음을 의미합니다.

| 모델명 | 친구를 사귀고 싶어 | 제조년월 | 2025. 12. 10. | 제조자명 | 리틀씨앤톡 | 제조국명 | 대한민국 |
| 주소 | 경기도 파주시 문발로 405 제2출판단지 활자마을 | | | 전화번호 | 02-338-0092 | 사용연령 | 7세 이상 |

나도 이제 초등학생 1

친구를 사귀고 싶어

글 이현주 · 그림 천필연

학교에 가면? 친구가 있다!

학교에 가면 또래 친구들이 엄청나게 많습니다. 저마다 다른 개성을 가진 아이들이 한 교실에 모여서 웃고 떠들고 장난을 치지요. 이 수많은 아이들 중에 내 친구는 어디에 있을까요? 시끄럽게 떠드는 반 아이들 중에 보석처럼 빛나는 내 친구가 보이나요?

세상을 살아가면서 진정한 친구를 만나는 것은 보물을 얻는 것과 같을 정도로 귀하고 값진 일입니다. 왜냐하면 많은 사람 중에 나와 생각이 같거나 취향이 같은 사람을 만나기란 쉽지 않기 때문이지요.

진정한 친구를 만나려면 어떻게 해야 하는지 궁금하다고요? 여러 방법이 있지만 그중에 가장 좋은 방법 하나를 알려 드릴게요. 그것은 바로 내가 먼저 진정한 친구가 되기 위해 노력하는 것이랍니다.

철학자 아리스토텔레스는 "친구들에게 기대하는 것을 친구들에게 베풀어라."라고 했습니다. 이 말은 내가 친구에게 바라는 것을 먼저 친구에게 베풀어야 서로에게 더욱 소중한 친구 사이가 될 수 있다는 뜻이에요.

친구를 사귀려면 스스로 친구를 만날 준비와 자세를 갖추고, 내가 먼저 노력을 해야 합니다. 내가 먼저 배려하고 내가 먼저 손을 내민다면, 친구 사귀기란 어려운 일이 아닐 거예요.

　　이 책 『친구를 사귀고 싶어』는 우정이라는 귀한 보물을 얻기 위해 노력하는 두 아이의 이야기를 그리고 있어요. 가빈이와 한별이는 아이들만의 작은 사회인 '초등학교'에서 친구들과의 서툰 소통을 시작하지요. 또래 친구들의 재밌는 이야기를 통해 아이들은 친구를 사귀고 우정을 쌓아가는 과정을 배울 수 있습니다. 우정을 시작하고 유지하는 방법이 담겨 있기 때문에 많은 도움이 될 거예요.
　　이 책은 동화 속 친구들의 미션 수행 과정을 따라가며 친구의 의미와 우정에 대해 생각할 수 있는 기회를 제공합니다. 더불어 학부모님들께도 친구 사귀기에 서툰 아이를 지도할 수 있는 좋은 지침서가 될 것입니다.

친구, 보물의 또 다른 이름

　나에게는 소중한 친구가 여럿 있어요. 그 친구들은 내 고민에 명쾌하게 답을 해 주기도 하고 소중한 내 꿈을 응원해 주기도 하며 가끔 나의 나쁜 점을 무섭게 꾸짖기도 합니다.

　아무것도 아닌 일에도 왜 그렇게 웃음이 났는지, '괜찮아. 잘될 거야.'라는 말이 왜 그렇게 힘이 됐는지, 혼자라면 절대 못했을 일을 어떻게 도전했는지……. 굳이 이유를 찾지 않아도 '친구' 그 한 마디면 답이 되는 소중한 사람들. 그들이 바로 내 인생의 가장 소중한 보물들이죠.

　이 동화를 쓰면서 내 친구들이 많이 생각났습니다. 그리고 가빈이와 한별이에게도 언제나 힘이 되고 웃음이 나는 친구가 많아졌으면 좋겠다는 생각이 들었습니다.

　이 책에 나오는 가빈이와 한별이는 친구를 사귀는데 서툰 아이들입니다. '친구가 없어도 괜찮아.'라고 생각하지만 사실 혼자라 외로운 가빈이. 친구를 사귀고 싶어 장난을 치지만 그 장난 때문에 친구들과 점점 멀어지는 개구쟁이 한별이.

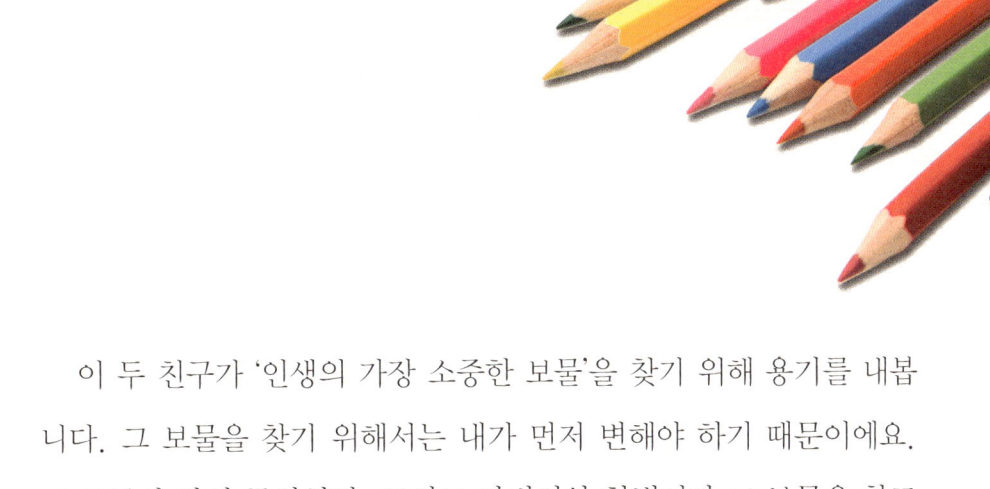

　이 두 친구가 '인생의 가장 소중한 보물'을 찾기 위해 용기를 내봅니다. 그 보물을 찾기 위해서는 내가 먼저 변해야 하기 때문이에요. 그 보물이 과연 무엇일지, 그리고 가빈이와 한별이가 그 보물을 찾고 행복한 시간을 보낼 수 있을지 응원하는 마음으로 즐겁게 이 책을 읽어 주었으면 좋겠습니다.

　친구는 인생이라는 배의 돛과 같습니다. 그만큼 좋은 친구가 우리의 인생에 미치는 영향은 아주 큽니다. 거친 파도를 헤치며 긴 인생을 함께 항해할 소중한 친구. 여러분에게도 그런 친구가 있었으면 좋겠습니다.

글쓴이 **이현주**

친구는 어떻게 사귈까?   9

친구와 잘 지내고 싶어   43

마음은 달라도 우리는 친구   85

친구는 어떻게 사귈까?

"친구가 없다고?"

가빈이의 말에 머리를 빗겨 주던 이모가 빗질을 멈추었어요. 가빈이는 목소리가 커진 이모의 물음에 가만히 고개만 끄덕였지요.

이모는 가빈이가 엄마와 아빠 다음으로 좋아하는 사람이자, 비밀을 말할 수 있는 유일한 친구예요. 또 같이 보내는 시간도 많고요. 왜냐하면 엄마와 아빠는 아침 일찍 출근하셔서 가빈이의 등교 준비는 항상 이모가 도와주시거든요. 이모는 그림책 작가라서 회의가 있을 때만 출판사에 가고, 주로 집에서 일해요. 그래서 이모는 가빈이에게 자주 학교생활이나 친구들 이야기를 물어봐요.

가빈이의 말에 이모는 몹시 당황한 표정이었어요. 가빈이가 워낙 조용하고 말이 없어 친구가 많지 않다는 것은 알고 있었지만, 친한 친구가 없다는 말은 놀라웠지요.

"하루는?"

이모가 대뜸 하루 이름을 이야기하자 가빈이 얼굴이 새빨개졌어요.

하루는 가빈이네 반 친구의 이름이에요. 하루는 운동을 잘하는 데다 잘생기고 착하다고 가빈이가 몇 번이나 말해서 이모도 그 친구의 이름을 알고 있었지요.

매번 하루 이야기를 할 때마다 평소와 다르게 가빈이의 목소리가 커지고 눈이 반짝거려서 이모는 가빈이가 하루를 좋아한다는 걸 눈치채고 있었거든요.

"하루 이야기 많이 하잖아. 하루랑 안 친해?"
"응. 별로. 하루는 나랑 안 놀아."
"너는 하루랑 놀고 싶어?"
생각지 못한 이모의 질문에 가빈이는 이모 쪽을 향해 고개를 돌렸어요.
"하루가 나랑은 안 놀아줘."

하루가 안 놀아 준다는 말을 하자마자 가빈이의 큰 눈에 눈물이 그렁그렁 고였어요. 친구가 없어도 상관없는 것처럼 창밖을 보며 공상 따위를 하곤 했지만, 사실 가빈이는 그 누구보다 친구가 필요했나 봐요. 그리고 하루와도 즐겁게 같이 놀고 싶고요. 이모는 가빈이를 따뜻하게 안아 주며 가빈이의 눈물을 닦아 주었어요.

"가빈이가 먼저 같이 놀자고 말하면 되잖아. 지금부터 친구 하자고."

하지만 가빈이는 절레절레 고개를 저었어요.

가빈이와 달리 하루는 친구가 많아요. 남자아이, 여자아이 할 것 없이 하루는 항상 친구에게 둘러싸여 있거든요. 그래서 하루가 있는 곳은 언제나 시끌벅적하지요. 가빈이도 같이 웃고 떠들고 싶었지만 도저히 용기가 나지 않았어요.

"내가 놀자고 했는데 하루가 싫다고 하면 어떻게 해? 그러다 소문이라도 나면? 그리고 나랑 친구 하기 싫다고 하면 내가 속상하잖아."

가빈이는 하루에게 거절당할까 봐 두려워서 말을 걸지 못했던 거예요. 다른 친구들에게도 마찬가지고요. 같이 놀자고 먼저 말 걸었다가 친구가 싫다고 하면 어떡하나 덜컥 겁이 났거든요. 그래서 한 번도 먼저 말을 걸지 못했어요.

　가빈이의 말이 무슨 뜻인지 알겠다는 듯 고개를 끄덕끄덕하던 이모가 다시 가빈이의 머리를 빗기 시작했어요.
　"가빈아, 어제 이모랑 만든 초콜릿 예쁘게 포장해서 학교에 가져가렴."
　"왜?"
　이모는 장난꾸러기처럼 입꼬리를 올려 웃으며 말했어요.
　"하루에게 주면 되잖아. 짝꿍도 나눠 주고."
　"부끄러운데……."
　고개를 숙이고 쭈뼛쭈뼛 대답하는 가빈이가 귀여운 듯, 이모는 가빈이의 볼을 살짝 꼬집었어요.
　"너랑 친구 안 하겠다고 하면 어떡하나 걱정된다고 했지?"
　이번에도 가빈이는 대답 대신 고개만 끄덕였어요.
　"그럼 가빈이가 먼저 좋은 친구가 되어 주면 돼. 먼저 밝게 인사하고 맛있는 것도 나눠 먹고. 그럼 하루도 다른 친구들도 싫어하지 않을 거야."

가빈이가 아무런 대답도 하지 않자, 이모는 손가락을 둥글게 만들어 가빈이 이마를 톡! 튕겼어요.

"할 수 있어! 아자 아자!"

가빈이는 이마를 만지작거리고는 말없이 웃었어요.

오늘 가빈이는 특별한 날에만 신는 분홍색 구두를 신고 학교에 갔어요. 이모가 머리도 예쁘게 쫑쫑 땋아 줘서 오늘은 친구들에게 용기 내서 먼저 이야기할 수 있을 것 같은 기분이 들었어요. 물론 하루에게도 말이에요.

이모와 함께 정성 들여 포장한 초콜릿을 보조 가방에 넣고 학교까지 길어가면서 몇 번이나 소리 내어 연습을 했는지 몰라요.

"안녕?"

"날씨 좋지?"

"초콜릿 좋아하니?"

"내가 만든 초콜릿인데 먹어 볼래?"
 아주 작은 목소리로 연습한 것인데도 어찌나 가슴이 콩닥거리는지 '휴우-' 하고 크게 심호흡을 했어요. 그리고 다시 한 발을 내딛으려는 순간이었어요.

"야! 고릴라!"

어느새 옆으로 다가온 한별이가 가빈이의 별명을 부르며 이를 드러내고 씨익 웃었어요.

'고릴라'는 한별이가 가빈이를 부르는 말이에요. 가빈이가 '고 씨'라는 이유로 그동안 고양이, 고사리, 고무신, 고라니, 고구려 등 '고'로 시작하는 다양한 별명을 만들어 부르는 것으론 모자랐는지, 며칠 전부터는 고릴라, 고릴라 하며 놀리고 있었지요.

한별이가 가빈이에게 "고릴라!"라고 부른 뒤에 꼭 물어보는 말이 있어요.

"아침에 바나나 먹고 왔냐?"

가빈이가 기분이 나쁘다는 듯 얼굴을 찌푸리자 한별이는 가빈이의 반응이 재미있는지 큰 소리로 웃어댔어요. 가빈이는 다른 별명으로 불리는 것도 싫었지만 '고릴라'는 끔찍할

정도로 싫었어요. 이 사실을 한별이가 눈치챘는지 예전보다 더 많이 '고릴라'라고 놀려댔어요. 하지만 가빈이는 다른 여자아이들과 달랐어요. 다른 여자아이들은 별명을 부르면 버럭 화를 내며 한별이를 쫓아왔거든요. 이리저리 도망 다니는 게 재밌어서 한별이가 자꾸 친구들을 놀리고 괴롭히는 거였죠. 그런데 가빈이는 얼굴만 찌푸릴 뿐 반응이 없었어요. 하지만 한별이는 여기서 포기하지 않았어요. 이번에는 이모가 곱게 땋아 준 가빈이의 머리끈을 잡아 빼 버렸지요.

"아야!"

어느새 가빈이의 머리는 반 이상이 풀려 버렸어요.

"메롱~! 약 오르지?"

한별이는 가빈이가 화라도 한번 내길 바라는 듯 혀를 날름 내밀곤 약을 올리며 도망갔어요. 하지만 이번에도 가빈이는 반응을 보이지 않았어요. 가방에서 다른 머리끈을 꺼내 엉망이 된 머리를 다시 질끈 묶어 버리곤 터벅터벅 걸었을 뿐이에요.

"뭐야, 재미없게."

한별이는 저만치 걸어가는 가빈이와 자기 손에 있는 가빈이의 머리끈을 번갈아 가며 보았어요.

하지만 진짜 사건은 쉬는 시간에 터지고 말았어요. 한별이가 가빈이를 울려 버렸거든요. 여러 별명을 만들어 부르는 것도, 듣기 싫은 고릴라라는 별명도, 예쁘게 땋은 머리를 엉망으로 만든 것도 가빈이는 다 참았어요. 그런데 가빈이가 화장실에 간 사이에 하루와 민주에게 주려고 가져온 초콜릿을 한별이가 마음대로 보조 가방에서 꺼내 다 먹어 버린 거예요!

"이 초콜릿, 고릴라 네가 만들었어? 웩! 괜히 먹었어. 이건 왜 가져왔냐?"

엉망으로 뜯어 버린 포장지와 빈 상자를 본 가빈이는 책상에 엎드려 한참을 엉엉 울었어요.

"한별이, 너! 선생님께 다 이를 거야."

"이한별, 너 진짜 나빠."

"또 한별이지? 넌 왜 그렇게 친구들을 괴롭히는 거야? 그러니까 애들이 싫어하지!"

평소 조용하던 가빈이가 울음을 터트리자, 주위에 있던 친구들은 한별이를 꾸짖듯 가빈이 옆에서 한 마디씩 던졌어요. 결국 민주가 선생님께 말씀드려서 한별이는 크게 꾸중을 듣고야 말았지요.

하루에도 몇 번씩이나 '한별이가 놀려요.' '한별이가 때렸어요.' '한별이가 차례를 안 지켜요.' 등 한별이의 심한 장난을 선생님께 이르는 통에 선생님은 '한별이'라는 말만 들어도 머리가 지끈거릴 지경이었어요.

"한별아, 친구 물건을 마음대로 만지고 함부로 먹으면 어떡하니? 친구들이 싫어하는 장난은 하면 안 된다고 선생님이 몇 번이나 말했잖아!"

선생님의 잔소리가 이어졌지만 한별이는 선생님 말씀이 전혀 귀에 들어오지 않았어요. 다른 애들은 몰라도 가빈이가 저렇게 한참 울 줄 몰랐거든요.

한별이는 꾸중을 듣는 동안에도 곁눈질로 가빈이를 쳐다보았어요. 그때마다 민주와 눈이 마주쳐서 또 서로 으르렁댔지요.

가빈이는 엎드린 채 직은 어깨만 들썩거렸어요.

'그냥 장난친 건데 왜 저렇게 우는 거야?'

한별이는 초콜릿까지 빼앗아 먹은 건 좀 심했나 싶은 생각에 미안한 마음이 들었어요. 하지만 사과할 방법이 떠오르지 않았어요.

다음 날이 되었어요.

한별이는 학교에 가기 싫어서 가방을 열었다 닫았다 하며 시간을 보내고 있었어요. 한별이는 친구들과 친해지고 싶어서 장난을 친 건데 친구들이 화를 내는 일이 더 많아졌거든요. 또 어제는 얌전한 가빈이를 한참 울게 했고요.

한별이는 생각과 달리 자꾸 친구를 괴롭히는 자기가 미웠어요. 그래서 '오늘은 친구와 사이좋게 지내야지.' 하고 마음속으로 다짐하면서 가빈이에게 줄 초콜릿을 주머니에 넣었어요. 어제 가빈이가 가져온 초콜릿을 다 먹은 게 미안해서 하나 샀거든요.

학교에 도착한 한별이는 가빈이에게 초콜릿을 언제 줄까, 무슨 말을 할까 한참 고민했어요. 그때 터벅터벅 힘없이 걸어오는 가빈이가 보였어요. 평소대로라면 '고릴라!'라고 크게 불렀을 텐데 가빈이의 통통 부은 눈을 보니 오늘은 장난을 쳐선 안 될 것 같은 느낌이었어요.

한별이가 조심스럽게 말을 건네려는 순간, 가빈이는 몸을 휙 돌렸어요. 그리고는 화가 난 표정으로 한별이를 차갑게 쳐다보았지요.

"또 고릴라라고 놀리려고 그러지?"

"아니……. 그게 아니라……."

한별이는 뭐라고 말을 해야 할지 몰라 주머니에 넣은 초콜릿을 만지작거리기만 했어요. 하지만 가빈이는 한별이가 말을 하기도 전에 째려보았어요.

"너랑은 아무 말도 하기 싫어. 이제부터 아는 척하지 마!"
라는 차가운 말과 함께 말이에요. 잔뜩 심통이 난 한별이는 소리를 버럭 질렀어요.

"나는 뭐, 고릴라랑 말하고 싶은 줄 아냐? 내가 더 싫다!"

그러고는 가빈이를 툭 밀치고 교실로 들어가 버렸어요.

"또 고릴라……. 휴우-."

가빈이가 한별이의 뒷모습을 보며 나지막이 한숨을 내쉬고 교실로 들어가려는 순간, 교실 문밖으로 나오는 하루와 마주쳤어요. 하루는 밝은 미소로 손을 흔들며 인사했어요.

"가빈아, 안녕?"

하루는 누굴 만나든 언제나 밝게 인사를 건넸어요. 하루의 인사를 받은 친구들도 똑같이 하루에게 인사를 했고요. 하지만 가빈이는 친구들에게 인사하기가 왜 그렇게 어렵게 느껴지는 걸까요?

"으응……."

가빈이는 인사 대신 작은 목소리로 짧은 대답만 하고 얼른 자기 자리로 돌아왔어요. 그리고 저 멀리 보이는 하루에게 살짝 손을 흔들었어요.

"하루야, 안녕?"

가빈이는 하루가 듣지 못하게 조용히 인사했어요.

수업이 시작하기 전이라 교실은 소란스러웠어요. 예쁜 스티커를 나눠 갖는 친구, 즐거운 일이 있는지 웃음이 끊이지 않는 친구, 가위바위보를 하며 딱지치기하는 친구들로 정신없었어요.

즐거워 보이는 친구들 사이에서 가빈이만 혼자가 된 느낌이 들었어요. 마치 멀리 떨어진 섬에 있는 느낌이었지요. 그건 가빈이의 뒤쪽에 앉아 있는 한별이도 마찬가지였어요.

친구들은 이제 한별이의 못된 장난을 받아 주지 않겠다고 다짐한 것 같았어요. 한별이가 장난을 치면 대꾸하지 않았거든요. 심지어 한별이가 다가오면 먼저 피하기까지 했어요. 그러니 한별이도 계속 장난을 치거나 친구들에게 가까이 다가갈 수 없게 되었지요.

수업이 끝날 무렵, 창문에 물방울이 조금씩 맺히더니 곧 쏴아쏴아 시원한 봄비가 내리기 시작했어요. 우산을 챙겨 오지 않은 한별이의 표정은 점점 먹구름처럼 어두워졌고요.

'엄마가 우산 챙겨 가라고 할 때 챙겨 올걸.'

한별이네 엄마는 회사에 다니고 계셔서 우산을 가져오실 수 없어요. 그래서 근처에 사는 효은이에게 우산을 같이 쓰자고 말하려고 했지만 효은이는 한별이가 가까이 오기도 전에 후다닥 뛰어가 버렸어요.

한별이는 더 거세지는 빗줄기를 보며 발만 동동 굴렀어요. 그때였어요.

"우리 가빈이랑 같은 반이니?"

한별이가 돌아보자, 한 아줌마가 부드러운 미소를 짓고 있었어요. 그 옆에는 인상을 쓰고 있는 가빈이가 있었고요.

"이모, 그냥 가자니까!"

가빈이 이모는 옷자락을 잡아당기는 가빈이의 말에는 아랑곳하지 않고 한별이에게 다가갔어요.

"우산 안 가져왔니?"

"네. 깜빡하고……."

한별이는 머쓱한 기분에 머리를 긁적이며 대답했어요. 가빈이 이모는 그런 한별이가 귀여운지 머리를 쓰다듬으며 우산을 내밀었어요.

"아줌마는 가빈이랑 둘이 쓰고 가면 되니까 이거 쓰고 가렴."

가빈이 이모의 다정한 말에 한별이의 눈이 커졌어요. 가빈이는 이모의 행동이 마음에 들지 않았는지 깊은 한숨을 내쉬며 땅만 보고 있었어요.

비를 맞고 집에 갈 생각에 우울했던 한별이는 가빈이 이모가 건네주는 우산을 받으려 손을 내밀었어요. 그러다 짜증 난다는 표정을 짓는 가빈이와 눈이 마주치자 어색하게 웃으며 손을 뒤로 숨겼어요.

"아니에요. 괜찮아요."

가빈이 이모는 가빈이와 한별이를 번갈아 보고는 뭔가 알았다는 듯 큰 소리로 웃었어요.

"괜찮으면 간식 먹고 갈래?
떡볶이 어때?"
한별이는 가빈이 이모의 제안에 귀가 번쩍 뜨였어요. 아까부터 배가 고파서 힘이 없었거든요.

떡볶이, 순대, 어묵 꼬치.

식탁 위에 김이 모락모락 나는 맛있는 음식이 차려졌어요. 가빈이와 한별이, 둘 다 좋아하는 음식들이지요. 하지만 한별이는 배 속에서 꼬르륵 소리가 나는데도 먼저 음식에 손을 대지 않았어요. 이모가 간식을 먹으러 가자고 할 때부터 가빈이와 한별이 사이에는 눈에 보이지 않는 신경전이 벌어졌으니까요. 어색함을 깬 건 가빈이 이모였어요.

"친구끼리 말도 안 하네."
"친구 아니거든요!"

가빈이와 한별이는 합창이라도 하듯 소리쳤어요. 이모는 손에 쥐었던 포크를 '탁' 소리가 나게 테이블에 올려놓더니,
"너흰 친구 없지?"
라고 물었어요. 그리고는 입을 크게 벌려 김이 모락모락 나는 떡볶이 하나를 집어 먹었어요. 정곡을 찔린 가빈이와 한별이는 대답 없이 입만 삐죽댔어요.

한별이는 손부채를 부치며 "맵다."를 연발했어요. 이모는 물을 벌컥벌컥 마시면서도 정신없이 떡볶이를 먹는 한별이가 귀여운지 한참 바라보았어요.

'머리에 뿔이라도 난 못된 녀석인 줄 알았는데 생각보다 귀엽네.'

사실 가빈이 이모는 한별이에 대해 이미 알고 있었어요. 가빈이의 학교생활 이야기에 자주 등장하는 남자아이가 바로 한별이였으니까요.

한별이는 이모가 계속 쳐다보는 게 느껴졌는지 간식을 먹다 말고 이모를 빤히 쳐다보았어요.

"한별아, 넌 친구를 어떻게 사귀어야 하는지 궁금하지 않니?"

생각지 못한 가빈이 이모의 말에 한별이는 마시던 물을 '풉!' 하고 뿜어낼 뻔했어요.

친구를 사귈 수 있는 특별한 방법. 세상에 정말 그런 게 있을까요?

친구가 뭐예요?

친구는 왜 사귀는 걸까요? 그것은 친구를 사귀면서 다른 사람을 배려하는 마음을 배우고 사람 사이의 문제를 해결하는 방법에 대해서도 알게 되기 때문이에요.

친구는 기쁨과 슬픔을 함께하며 서로에게 용기를 주고 힘들거나 외로울 때 큰 힘이 되어 주는 존재랍니다. 이제부터 친구를 잘 사귀는 방법에 대해 같이 알아볼까요?

첫 번째, 친구를 만나면 내가 먼저 반갑게 인사해요.

친구를 사귀는 가장 좋은 방법은 바로 '인사'하는 거예요. 학교 가는 길에 만나는 친구, 복도에서 만나는 친구, 교실 안에서 만나는 친구 등 어디서든 친구와 만나면 먼저 반갑게 웃으며 인사를 해 보세요.

두 번째, 친구에게 웃는 모습을 많이 보여 주세요.

'웃는 얼굴에 침 못 뱉는다.'는 속담을 들어 본 적이 있나요?

이 말의 뜻은 웃는 사람에게는 나쁘게 대할 수 없다는 거예요. 그래서 옛날부터 어른들은 웃는 얼굴을 중요하게 생각했답니다.

거울을 보고 웃어 보세요. 그리고 친구를 만나면 지금처럼 활짝 웃어 주세요. 그럼 친구도 아마 웃는 얼굴로 대해 줄 거예요.

세 번째, 친구를 부를 땐 별명보다 이름으로 불러 주세요.

친구와 대화를 할 땐 친구의 이름을 불러 주세요. 친구의 성격, 생김새 등을 별명으로 만들어 부르거나 '야', '너', '쟤'라고 부르는 것보다 이름을 부르면 우리 사이가 좀 더 특별한 관계라는 느낌이 들거든요.

네 번째, 겉모습보다는 친구의 마음을 보세요.

멋진 친구나 예쁜 친구를 보면 기분이 좋아지고 친하게 지내고 싶은 마음이 들지요? 하지만 친구의 겉모습만 보고 판단하면 안 돼요. 친구를 사귈 때 가장 중요한 것은 겉모습이 아닌 '친구의 마음'이기 때문이에요.

겉모습보다 친구의 진실한 마음을 먼저 보세요. 진실한 마음은 서로를 이해하고 믿는데 밑거름이 될 거예요.

다섯 번째, 솔직한 모습이 좋아요.

친구에게 다가갈 때는 솔직한 모습이 좋아요. 거짓으로 꾸민 모습은 진실한 내가 아니니까요. 내가 솔직하지 않으면 친구도 나에게 솔직한 마음을 털어놓기 어려울 거예요.

여섯 번째, 깨끗하고 단정한 모습도 중요해요.

사람의 첫인상은 3초 만에 결정된다고 해요. 깨끗하고 단정한 모습으로 활짝 웃는 얼굴을 보여 준다면 친구들에게 좋은 인상을 심어 줄 거예요.

같이 생각해요

1. 친구를 만나면 제일 먼저 무슨 말을 하나요? 또 무슨 행동을 먼저 하나요?

2. 주변에서 가장 인기 있는 친구는 누구인가요? 그 친구는 왜 인기가 있다고 생각하나요?

위인들의 빛나는 우정 1
"내 마음을 알아주는 사람" - 백아와 종자기

　옛날 중국에 거문고 연주로 유명한 음악가인 백아가 있었어요. 백아에게는 종자기라는 친구가 있었는데, 둘은 매우 가까운 사이였습니다. 거문고 소리만 듣고도 종자기는 백아의 마음을 알아맞힐 수 있었거든요. 백아가 높은 산을 생각하며 거문고를 연주하면 종자기는 태산이 떠오른다고 했고, 백아가 흐르는 강물을 떠올리며 연주하면 종자기는 넘실거리는 강물 소리가 들린다고 말했답니다. 그래서 후세 사람들은 둘 사이를 지음(知音), 즉 '소리를 알아주는 벗'이라고 했지요. 백아는 자신의 음악을 진정으로 이해하는 사람은 종자기 밖에 없다고 생각했어요.

　그러던 어느 날, 종자기가 세상을 떠나고 말았어요. 친구의 죽음을 슬퍼하던 백아는 이제 더 이상 자신의 거문고 소리를 알아들을 사람이 없다며 거문고 줄을 모두 끊어 버렸습니다. 그리고 다시는 연주를 하지 않았답니다. 이를 일컬어 백아절현(伯牙絶絃)이라고 해요. 자신의 깊은 속마음까지 알아주는 절친한 벗의 죽음을 슬퍼한다는 뜻이지요.

친구와
잘 지내고 싶어

"이모가 한별이와 가빈이에게 특별 미션을 줄 거야. 이 미션을 통과하면 친구를 사귈 수 있고 세상에서 가장 중요한 보물을 얻게 되지."

한별이는 가빈이 이모의 말을 떠올리며 침을 꿀꺽 삼켰어요. 눈은 영어 단어에 고정되어 있지만, 머릿속에는 아무것도 들어오지 않았지요. 곧 영어 학습지 선생님이 오실 시간이 다가오는데도 자꾸 가빈이 이모 말씀만 생각났어요. 평소에 혼자 노는 한별이도 다른 아이들처럼 친구들과 같이 놀고 싶었거든요.

한별이는 친구들에게 장난치다 보면 같이 놀게 될 줄 알았어요. 하지만 한별이의 장난에 골탕 먹었던 친구들은 함께 노는 것을 싫어했어요. 그래서 친구들끼리 재미있게 놀다가도 한별이와 마주치면 인상을 쓰거나 화를 냈지요. 한별이는 그런 친구들의 모습에 같이 놀고 싶은 마음이 사라져 더 크게 화를 냈어요.

한별이는 가만히 눈을 감았어요.

'가빈이 이모가 주신 미션대로만 한다면 나도 친구가 생길 수 있을까?'

한별이는 영어 단어를 외우다 말고 알림장을 꺼내 가빈이 이모가 내준 미션을 떠올리며 하나씩 적어 보았어요. 다 적은 미션은 소리 내어 읽어 보았지요.

1. 친구를 칭찬해 주기
2. 친구를 도와주기
3. 입장 바꿔 생각하기

다 읽고 나니 한별이는 한숨이 새어 나왔어요. 가빈이 이모는 간단한 미션이라고 말씀하셨지만, 한별이에게는 결코 간단하지 않은 미션이었거든요.

한별이는 평소에 친구를 대하는 자기 모습을 떠올려 보았어요. 친구를 이름 대신 별명으로 부르고, 괴롭혀서 울린

적도 많았지요. 또 친구들과 종종 다투어서 선생님께 꾸중을 들은 적은 셀 수도 없이 많고요. 그래서 한별이는 친구들에게 '말썽꾸러기'나 '개구쟁이'로 불릴 때가 많았지요. 한별이는 온몸을 바르르 떨며 고개를 절레절레 저었어요.

한별이가 친구들을 떠올리고 있을 때, 가빈이는 깊은 잠에 빠져 있었어요. 어떻게 하면 이모가 준 미션을 성공할 수 있을까 고민하다 겨우 잠이 들었거든요.

그날 밤, 가빈이는 친구들과 놀이동산에서 뛰어노는 꿈을 꾸었어요. 가빈이와 친구들은 활짝 웃는 얼굴로 놀이기구를 타고 맛있는 햄버거도 먹었어요. 그중에는 한별이도 있었어요. 한별이는 무서워서 벌벌 떠는 가빈이의 손을 꼭 잡고 '귀신의 집'으로 들어갔어요. 귀신이 튀어나올 때마다 가빈이는 '으악!' 하고 소리를 지르며 한별이의 팔을 꼭 잡았어요. 그런 가빈이를 보며 한별이는 귀엽다는 듯 웃었고요.

"어머, 애 좀 봐. 자면서도 웃네."

가빈이를 깨우려고 방에 들어온 엄마는 자면서도 웃는 가빈이가 재미있는지 큰 소리로 웃었어요. 가빈이는 엄마의 웃음소리에 부스스 눈을 떴어요. 그러고는 잠이 덜 깬 목소리로 물었어요.

"엄마, 지금 몇 시예요?"

"몇 시긴. 학교 갈 시간이지. 빨리 준비하고 나와. 아침 먹고 학교 가자."

"휴……. 벌써 아침이구나."

엄마는 아침부터 땅이 꺼질 듯 깊은 한숨을 쉬는 가빈이가 걱정스러웠지만 왜 그러는지 물어보진 않았어요. 엄마는 가빈이의 고민을 이모에게 들어서 이미 알고 있었거든요.

"우리 딸, 힘내!"

엄마는 가빈이를 향해 두 주먹을 불끈 쥐어 보이고는 먼저 밖으로 나갔어요. 엄마의 '힘내!'라는 말이 뭘 의미하는지 알 수 없는 가빈이는 고개만 갸우뚱거렸어요.

아침 식사를 마치고 방에서 학교 갈 준비를 하는 가빈이는 머리가 지끈지끈 아팠어요. 안 그래도 이모가 내주신 미션도 어려운데 꿈속에 한별이가 나오는 바람에 가빈이 머릿속이 복잡해졌거든요.

'이상한 꿈이야. 한별이와 친하지도 않은데 왜 내 꿈에 나온 거지?'

갑자기 꿈속에서 본 한별이의 미소가 떠올라 가빈이는 끔찍하다는 듯 고개를 세차게 저었어요.

"이러고 있을 때가 아니야! 이모의 미션만 생각해야지!"

가빈이는 옷을 갈아입으면서 학교에 도착하면 할 일을 머릿속으로 정리해 보았어요.

'친구와 눈이 마주치면 먼저 웃으며 인사할 것. 친구와 대화를 이끌어 가는 게 힘들면 친구의 이야기를 잘 들어 줄 것. 친구와 이야기하면서 우리 사이에 공통점이 무엇인지 찾아보고 그 부분에 대해 이야기를 이어갈 것.'

가빈이는 숨을 크게 내쉬었어요. 친구에게 먼저 인사하고 대화를 이끌어 가는 것은 너무나 힘든 일이거든요. 이상하게도 친구들 앞에만 서면 목소리는 기어들어 가고, 고개는 자꾸자꾸 아래로 내려갔으니까요.

'내가 인사했는데 친구가 안 받아 주면 어떡해. 내가 하는 얘기를 친구가 싫어하면 어떡하라고?'

똑똑.

"가빈아, 준비 다 됐니?"

이모가 문을 빠끔히 열고 가빈이의 표정을 조심스레 살폈어요. 걱정이 가득한 가빈이의 표정을 본 이모는 마음이 아파서 어떻게든 가빈이에게 힘이 되어 주고 싶었어요. 가빈이에게는 엄청난 결심과 용기가 필요한 일이니까요. 그래서 이모는 잠시 고민하다가 가빈이에게 말을 건넸어요.

"가빈아, 네 친구는 모두 착한 친구들이지?"

이모의 물음에 가빈이는 고개를 끄덕이며 대답했어요.

"응. 모두 착한 친구들이야."

"그럼 뭐가 걱정이야? 네가 먼저 인사를 하면 친구들도 반갑게 인사할 테고, 그렇게 서로 인사만 해도 할 얘기가 생길 거야."

"정말 그럴까?"

"오늘 한번 해 봐. 한번이 어렵지 막상 해 보면 별것 아니란 걸 알게 될 테니까. 힘내, 고가빈!"

"꼭 해 볼게, 이모!"

이모는 평소보다 더 공들여 가빈이 머리를 땋아 주셨어요. 그러고는 가빈이가 가지고 있는 리본 중에서 가장 예쁜 리본을 골라 묶어 주셨어요.

"됐다! 거울 봐 봐."

가빈이는 이모가 건네준 손거울로 땋은 머리를 가만히 들여다보았어요. 그러고는 주문을 외우듯 마음속으로 이렇게 말했어요.

'나도 친구가 생기면 좋겠어.'

학교에 도착한 가빈이는 '제일 먼저 만나는 친구와 인사를 해야지.'라고 생각했어요.

가빈이의 첫 번째 인사를 받은 친구는 하루였어요. 교실 앞에서 '안녕?' 하고 인사하는 연습을 하고 있었는데, 마침 교실 문밖으로 나오던 하루와 마주치게 된 거예요. 얼떨결에 하루에게 인사

를 한 가빈이는 당황해서 얼굴이 새빨개졌어요. 하지만 하루는 활짝 미소를 지으며
"안녕, 가빈아!"
하고 인사를 받아 주었어요. 하루에게 먼저 인사를 하게 된 가빈이는 기뻤어요. 그래서 이번에는 조금 큰 목소리로 용기를 내서 짝꿍 민주에게도 인사를 했어요.
"민주야, 안녕?"
가빈이의 인사를 처음 받은 민주는 멍하게 가빈이를 바라보다가 손을 흔들어 가빈이에게 인사하며 말했어요.
"가빈아, 안녕. 사탕 먹을래?"
"고마워."

가빈이는 민주가 준 사탕을 먹으며 다음 미션을 떠올렸어요. 일단 첫 번째 미션은 성공했으니까요!

수업 종이 울렸어요. 친구들은 후다닥 자기 자리에 앉아 책을 폈어요. 한별이는 다짐하고 또 다짐하며 학교에 왔는데, 너무 긴장한 나머지 짝꿍 효은이를 만나자마자 이름 대신 별명을 부를 뻔했지 뭐예요! 하지만 별명을 부른 건 아니니 간신히 미션을 성공했어요.

한별이는 수업 시간에 교과서 대신 알림장을 뚫어질 듯 쳐다보고 있었어요. 백 번도 넘게 읽어서 다 외웠지만, 여전히 어떻게 시작하면 좋을지 고민이 되었어요. 한별이는 답답한 마음에 자신도 모르게 손으로 머리를 콩콩 때리며 '으아~~~' 소리를 냈어요. 반 친구들의 시선이 한별이에게 쏠렸어요.

"한별아, 수업 시간에 이상한 소리 내면 안 돼요."

선생님의 말씀에 친구들은 '와~' 하고 크게 웃었어요. 한별이의 얼굴이 새빨개졌어요.

쉬는 시간이 되었어요. 말썽꾸러기 한별이는 큰 고민이라도 생긴 듯 연습장에 뭔가를 계속 썼다가 지우고, 부끄럼쟁이 가빈이는 짝꿍 민주와 재미있는 이야기라도 하는 듯 얼굴에 웃음이 가득했어요.

민주는 자기 이야기에 가빈이가 맞장구치면서 재미있어하자 어제 학원에서 있었던 이야기, 친구와 함께 봤던 애니메이션 이야기 등 온갖 이야기를 꺼냈어요. 그러다 보니 민주가 좋아하는 애니메이션 캐릭터를 가빈이도 좋아한다는 것을 알게 되었어요. 이제 둘 사이에 공통점이 생긴 거예요!

그림 그리는 것을 좋아하는 가빈이는 예전에 주인공 캐릭터를 따라 그려 본 적이 있었어요. 그 이야기를 할까 말까 고민하던 가빈이는 용기를 내어 민주에게 말했어요.

"그 주인공 캐릭터 그려 본 적 있는데……."

"우와~ 정말?"

가빈이의 말에 민주는 눈을 반짝이며 물었어요.

"가빈아~ 네가 그린 그림 보여 주면 안 돼? 보고 싶어!"

민주의 눈동자가 조금 전보다 더 반짝였어요. 가빈이는 그림을 보여 줘도 될까 고민이 됐어요.

'내 그림을 보고 민주가 실망하면 어떡하지? 혹시 내가 잘난 척하는 것처럼 느껴질까?'

가빈이는 민주를 쳐다봤어요. 민주와 친하진 않았지만 민주가 좋은 친구라는 걸 가빈이는 잘 알고 있어요. 한별이가 괴롭힐 때마다 가빈이의 편이 되어 주고, 지난번에 가빈이가 울었을 때도 옆에서 계속 토닥이며 위로해 주었거든요. 민주는 가빈이의 그림을 보고 웃어 줄 것 같았어요. 그래서 용기 내어 그림을 그린 수첩을 보여 주었어요. 그림을 잘 그리지 못해 부끄러웠지만 말이에요.

민주는 그런 가빈이의 고민도 모르고 수첩을 넘기며 그림을 뚫어질 듯 찬찬히 살펴보았어요. 가빈이는 민주가 수첩을 한 장씩 넘길 때마다 웃지는 않을까 걱정이 되어 심장이 콩콩 뛰었어요. 하지만 민주는 웃기는커녕 오히려 감탄했어요.

"와~! 똑같다! 이것 봐! 진짜 예쁘다!"

호들갑 떨며 감탄하는 민주의 목소리를 듣고 친구들이 무슨 일이냐며 가빈이 자리로 우르르 몰렸어요. 가빈이는 민주에게 '안녕?' 하고 먼저 인사를 건넨 것뿐인데 어느새 친구들과 이야기를 나누는 자기 모습이 신기하고도 대견해서 웃음이 나왔어요.

한별이는 생각하면 생각할수록 머릿속이 복잡했어요. 친구를 괴롭히고 놀릴 수는 있어도 칭찬할 만한 것은 하나도 떠오르지 않았거든요.

'에잇, 뭐가 이렇게 어려워? 안 할래!'

화가 난 한별이는 입술을 잔뜩 내밀고 교실 벽에 걸린 시계만 노려보며 차라리 빨리 수업 시간이 되면 좋겠다고 생각했어요. 칭찬할 만한 것이 없는데도 억지로 친구를 칭찬할 수는 없으니까요.

수업 종이 울렸는데도 한별이는 누구를 칭찬하면 좋을까 고민이 되어 수업에 집중할 수 없었어요. 한별이는 고민거리가 생기면 다른 일에 집중하지 못하는 면이 있거든요. 그래서 선생님이 말씀하시는데도 수업에 집중하지 못하고 계속 고민을 했어요. 그래도 딱히 떠오르는 친구가 없었어요.

그때였어요. 재석이가 우렁찬 목소리로 씩씩하게 발표하는 모습이 눈에 띄었어요.

'재석이는 떨지도 않고 발표를 참 잘하네.'

한별이는 친구의 좋은 점을 발견한 자기 모습에 화들짝 놀랐어요. 지금까지 친구를 칭찬하거나 좋게 생각한 적이 없었거든요.

한별이가 이런 생각을 하는 동안 재석이의 발표가 끝나고 반 친구들이 '와~!' 하는 함성과 함께 박수를 치고 있었어요. 한별이는 재석이의 좋은 점을 발견하고 나니 다른 친구의 좋은 점도 생각났어요.

짝꿍 효은이는 글씨를 예쁘게 써요. 가끔 알림장을 적지 못했을 때 효은이의 알림장을 빌려서 본 적이 있거든요. 한별이가 장난쳐서 서로 티격태격 많이 다투었지만, 효은이는 연필이나 지우개도 잘 빌려주는 착한 친구예요.

민재는 노래를 잘해요. 준혁이는 우리 학년에서 가장 빨리 달리고요. 호준이는 개그맨보다 더 재미있고, 장래 희망도 세계 최강 개그맨이 되는 거예요. 도현이는 수학을 잘해서 경시대회에서 1등을 한 적이 있어요.

한별이는 그동안 친구들의 별명을 부르며 괴롭힌 것이 미안해졌어요.

'친구들이 나에게 매일 놀리고 장난친다면 나도 친구들과 친하게 지내기 싫었을 거야. 별명 부르는 것도 기분 나쁠 테고.'

이렇게 생각하니 친구들에게 사과해야겠다는 생각이 들어 가빈이 이모가 주신 미션에 한 가지를 더 적어 넣었어요.

꼭 해야 할 것!
친구들에게 미안하다고 사과하기

 학교가 끝나고 집으로 가는 길에 한별이는 친구들의 좋은 점을 계속 생각해 보았어요. 친구들에게는 배울 점이 많았어요.

 집에 도착해서 침대에 누워 발을 까딱까딱하면서도 친구들의 얼굴을 떠올려 보았어요. 그랬더니 한별이만 보면 얼굴을 잔뜩 찌푸리거나 도망가는 친구의 얼굴만 떠올랐어요. 가만가만 친구의 얼굴을 떠올리다 보니 자꾸 눈물이 났어요. 한별이는 손등으로 눈물을 쓱 닦고 눈을 꼭 감았어요. 그리고 앞으로는 친구들의 웃는 얼굴이 떠오를 수 있도록 꼭 달라지겠다고 다짐했어요.

 그날 밤 한별이는 행복한 꿈을 꾸었어요.
 한별이네 반 친구들과 옆 반 친구들이 줄다리기 시합을

하는 꿈이었어요.

한별이는 친구 중 가장 앞에 서서 줄을 잡고 있었어요.

"영차! 영차!"

한별이의 구령에 맞춰 친구들도 얼굴이 빨개질 정도로 힘을 냈어요.

"영차! 영차!"

힘차게 줄을 잡아당기자 옆 반 친구들이 한별이네 반 친구들에게 끌려왔어요. 한별이네 반 친구들은 더 힘을 내 줄을 잡아당겼고요. 마침 '삑~' 하는 호루라기 소리와 함께 선생님의 목소리가 운동장에 쩌렁쩌렁 울렸어요.

"1학년 3반 승리!"

친구들은 모두 한별이에게로 달려와 안겼어요. 그리고 환하게 미소를 지었지요.

꿈속에서 한별이는 행복한 미소를 지었어요. 앞으로도 친구들을 놀리거나 괴롭히지 말고 사이좋게 지내야지 하고 몇 번이나 다짐하면서 말이죠.

다음 날, 한별이네 반 친구들은 깜짝 놀랐어요. 한별이가 변했기 때문이에요.

얼마 전만 해도 친구들과 눈이 마주치면 별명을 부르고 장난치던 한별이가 갑자기 친구들에게 다정한 목소리로 인사를 하니 놀랄 수밖에요!

처음에는 한별이의 변한 모습에 어리둥절하던 친구들도 금방 웃어 주었어요. 지금까지 자신이 말을 걸면 인상을 쓰거나 무섭게 화를 내던 친구들이었는데, 이렇게 밝게 웃어 주니 한별이도 기분이 좋아졌어요.

한별이에게 발표 잘한다는 칭찬을 들은 재석이는

"한별아, 넌 키가 커서 좋겠다."

라고 칭찬해 주었고요. 준혁이는

"넌 축구 잘하더라. 이따 같이 축구 할래?"

라며 손을 내밀어 주었어요.

짝꿍 효은이는 한별이의 변한 모습을 보고 가장 기뻐했어요. 효은이는

"네가 장난 안 치니까 너랑 이야기하는 게 좋다. 항상 이런 모습이면 좋겠어."

라며 한별이에게 활짝 웃어 주었어요.

친구들의 칭찬에 한별이는 기분이 좋아졌어요. 친구들에게 칭찬받는 건 이번이 처음이니까요.

한별이는 친구들에게 그동안 괴롭히고 놀려서 미안하다며 사과했어요. 친구들은 한별이 머리를 쓰다듬거나 손으로 어깨를 툭툭 치며 사과를 받아 주었어요. 잘못을 인정하고

사과하는 것이 얼마나 어려운 일인지 잘 알고 있으니까요.

한별이는 이제 가빈이에게도 사과해야겠다고 마음먹었어요. 그러고는 가빈이 자리로 가서 쭈뼛쭈뼛한 모습으로 말했어요. 다른 친구들보다 가빈이에게 제일 미안했거든요.

"가빈아, 별명 부르고 놀려서 미안해. 음……. 그리고 이거 받아."

한별이는 지난번에 주지 못했던 초콜릿을 가빈이에게 떨리는 손으로 슬쩍 내밀었어요.

"저번에 허락 없이 다 먹어 버려서 미안했어. 사과하려고 했는데……."

한별이는 가빈이 얼굴을 쳐다볼 용기가 없어 울먹이며 사과했어요. 그러고는 후다닥 뛰어 책상에 엎드렸어요. 가빈이는 한별이의 그런 모습에 피식 웃음이 났어요. 마침 수업 시간을 알리는 종이 울렸어요.

옆 분단에 앉은 가빈이가 한별이에게 뭔가 휙 던졌어요.

이한별!
이제부터 친구하자.

가빈이 쪽지를 받은 한별이는 가빈이에게 손을 흔들었어요. 가빈이는 혀를 내밀어 한별이에게 '메롱' 하며 웃었고요.

가빈이에 대한 친구들의 생각도 많이 변했어요. 부끄러움이 많은 아이, 소심한 아이로만 기억되던 가빈이가 잘 웃는 친구, 그림을 잘 그리는 친구, 이야기를 잘 들어 주는 친구로 알려졌어요.

친구들은 가빈이에게 예쁜 그림을 그려 달라며 연습장을 가져왔어요. 쉬는 시간이면 가빈이는 연습장에 그림을 그리느라 바빴고, 여자아이들은 가빈이의 그림 솜씨를 보며 감탄하느라 바빴어요. 남자아이들은 여자아이들 사이를 파고들어 가빈이의 그림 솜씨를 구경했어요. 그러고는 자기들끼리 가빈이의 그림에 대해 토론했어요. 특히 하루는 가빈이에게 훌륭한 화가가 될 거라는 칭찬도 잊지 않고 해 주었지요. 가빈이는 하루와 특별한 친구가 된 것 같아 기분이 좋았어요.

가빈이는 학교 가는 아침이 행복했어요. 그래서 이모가 깨우기도 전에 혼자 일어나 학교 갈 준비도 했어요.
한별이도 가빈이 이모의 미션 덕분에 친구를 사귀게 되어 기뻤어요. 가빈이 이모가 아니었으면 지금도 친구가 없있을지 몰라요. 물론 가빈이 이모는 가빈이와 한별이가 미션에 대해 열심히 고민하고 행동했기 때문이라고 했지만요.

그런데 어느 날부터인가 가빈이는 웃는 날보다 화가 난 표정을 짓고 있을 때가 더 많아졌어요. 가빈이만의 단짝이라고 생각했던 하루가 다른 친구들과 함께 노는 모습을 보고 질투가 났거든요.

'하루는 왜 자꾸 다른 친구들하고 노는 거지? 단짝인 나랑 놀면 되잖아!'

가빈이는 다른 친구들과 자기를 똑같이 대하는 하루에게 서운함이 점점 커졌어요. 그래서 하루가 다른 친구들과 놀 때면 항상 화가 난 표정으로 하루를 바라보곤 했어요. 그러다 드디어 사건이 터지고 말았어요.

오늘은 '가장 친한 친구 얼굴 그리기'를 하는 날이에요. 가빈이는 하루의 얼굴을 멋지게 그리기 위해 어젯밤 늦노록 하루의 얼굴을 연습장에 반복해서 그려 보았어요.

"너는 하루를 그리는데 하루가 다른 친구 얼굴을 그리면 어떡할래?"

몇 번이나 하루 얼굴을 그리고 지우는 가빈이를 보며 이모가 장난스럽게 물었어요. 하지만 가빈이는 절대 그럴 리 없다며 이모에게 큰소리를 쳤어요. 하루는 가빈이랑만 단짝이니까요!

 미술 시간이 되었어요. 가빈이는 하루가 누구를 그리나 궁금해서 몰래 쳐다보느라 정신없었어요. 차라리 누구를 그리냐고 물어볼까 말까 혼자 고민했지요.
 하지만 하루는 가빈이를 그리지 않고 준혁이를 그렸어요. 평소 하루는 운동을 좋아하기 때문에 준혁이와 자주 축구 시합을 한다는 걸 알고 있었어요. 하지만 매일 학교에서 제일 먼저 인사를 나누는 사람은 가빈이고, 집에 가는 방향이 같아 학교가 끝나면 같이 가는 친구도 가빈이에요. 그래서 가빈이에게 가장 친한 친구가 하루이듯, 하루에게도 가빈이가 가장 친한 친구일 거라고 생각했던 거예요.
 가빈이는 다른 친구의 얼굴을 그린 하루에게 서운했어요.

"가빈아, 내 얼굴 그려 줘서 고마워. 진짜 잘 그렸더라."

집에 가는 길에 하루가 그림 이야기를 꺼내자 가빈이는 걸음을 멈추고 하루 얼굴을 빤히 쳐다보았어요.

"어디 아파? 오늘따라 표정이……."

"너는 왜 내 얼굴 안 그렸어?"

"응?"

"아까 미술 시간에 선생님이 그러셨잖아. 친한 친구 얼굴 그리라고. 넌 왜 준혁이 얼굴 그렸어?"

하루의 다정한 말투에 가빈이는 꼭꼭 숨겨 왔던 서운함을 모두 드러내고 말았어요. 가빈이의 질문에 하루는 많이 당황한 눈치였어요.

"나는 너랑 친하지만 다른 친구들도 소중하다고 생각해. 그래서 누구 얼굴을 그려야 하나 고민했는데, 준혁이는 나랑 마음이 잘 통하고 같이 운동도 많이 하는 거 너도 잘 알잖아."

"뭐? 준혁이랑 마음이 제일 잘 통한다고?"

"응. 둘 다 축구 좋아하고, 좋아하는 팀이랑 선수도 같고. 그래서 같이 축구 게임도 하고 축구장에도 가고 그러거든."

준혁이 이야기를 하는 하루의 눈이 반짝였어요. 준혁이 얘기만 해도 신이 난 것 같았어요.

"너 싫어! 앞으로 너랑 안 놀아!"

"뭐?"

"너 싫다니까?! 저리 가! 가라고! 이제부터 절대로 나 아는 척하지 마!"

갑자기 가빈이가 화를 내자 하루는 눈만 끔뻑거렸어요.

"가빈아, 왜 그래? 내가 뭐 잘못했니?"

"됐으니까 말 걸지 마! 짜증 나!"

"야아~ 다음에는 네 얼굴 그릴게. 화 풀어."

"됐어! 난 너 필요 없으니까 너 혼자 집에 가! 나는 앞으로 절대 네 얼굴 안 그려. 나는 너 정말 싫어!"

"나는 네가 왜 이렇게 화를 내는지 정말 모르겠어. 다음에는 가빈이 네 얼굴 그릴게."

"아니! 이제 필요 없어!"

결국 가빈이는 참았던 눈물을 터트리며 뛰어갔어요.

집에 가는 내내 가빈이의 눈에선 눈물이 쉴 새 없이 흘러내렸어요. 힘들게 마음을 열었는데 가빈이의 마음을 몰라주는 하루가 미웠어요.

집에 도착한 가빈이는 가방을 거실 바닥에 휙 던지며 큰 소리로 외쳤어요.

"친구 따위 필요 없어! 정말 싫어!"

하지만 싫다고 소리를 지르면 지를수록 친구들의 얼굴이 떠올랐어요. 가빈이는 그렇게 한참을 소리 내어 엉엉 울었어요.

친구를 사귀는 것보다 더 중요한 것이 있나요?

친구를 사귀는 것보다 더 중요한 건, 서로에게 진정한 친구가 되려고 항상 노력하는 거예요. 우리가 잘 아는 수많은 위인도 곁에 진심으로 아껴 주고 어려울 때 힘이 되어 주는 진정한 친구가 있었기에 자기 꿈을 실현할 수 있었지요.

하지만 '천금을 얻기는 쉽지만 벗을 얻기는 어렵다.'라는 옛 어른들의 말씀처럼 진정한 친구를 얻기란 쉽지 않아요. 천금보다 더 귀한 친구가 되려면 어떻게 해야 할지 생각해 보세요.

첫 번째, 칭찬은 친구를 웃게 해요.

독일의 유명한 작가 괴테는 "남의 좋은 점을 발견할 줄 알아야 한다. 그리고 남을 칭찬할 줄 알아야 한다. 그것은 남을 나와 동등한 인격으로 생각한다는 의미다."라고 했어요. 이 말의 뜻은 친구들의 약점을 보면 눈감아 주고, 좋은 점을 찾아 칭찬해 주는 친구가 되자는 거예요.

두 번째, 친구에게 고마움을 꼭 말로 표현하세요.

고마운 일이 생기면 마음속으로만 고맙다고 생각하지 말고, "고마워!"라고 꼭 말로 표현하세요. 마음으로만 '고맙다.'라고 생각한 건 친구에게 전해지지 않으니까요.

세 번째, 다른 사람을 배려하세요.

영국의 시인이자 소설가인 조지 오거스터스 무어는 "나보다 상대방을 생각하는 우정, 이러한 우정은 어떠한 것도 뚫고 나간다."라고 했어요. 이 말은, 배려심의 중요성에 대해 이야기하고 있어요. 다른 사람의 마음을 이해하고 그 사람의 입장에서 생각하는 것을 우리는 '배려심'이라고 하지요.

네 번째, 친구에게 관심을 가져요.

친구를 배려하기 위해서는 친구에 대해 많이 아는 것이 중요해요. 진실한 대화를 통해 친구가 좋아하는 것이나 즐거워하는 것, 또 싫어하는 것이 뭔지 자세히 알아보세요. 그러다 보면 우정이 깊어지고, 서로의 공통점도 찾을 수 있답니다.

다섯 번째, 힘들어하는 친구를 도와요.

인디언들에게 '친구'라는 말은 '내 슬픔을 자기 등에 지고 가는 사람'이란 뜻이라고 해요. 친구가 슬퍼하거나 힘들어할 때, 옆에서 함께 슬퍼하며 도와주는 친구가 진정한 친구겠죠?

여섯 번째, 친구와 한 약속은 꼭 지켜요.

약속은 꼭 지키려고 노력하는 자세가 필요해요. 약속을 잘 지키는 친구를 볼 때 성실하고 믿음직하다는 생각이 들지요. 하지만 약속을 쉽게 어기는 친구는 다른 사람들에게 좋은 인상을 주지 못한답니다. 나 자신과 한 약속부터 친구와 한 약속까지 지킨다면 친구들 사이에서 믿을 수 있는 아이로 기억될 거예요.

같이 생각해요

1. 친구에게 듣고 싶은 말이 있나요?
   있다면 왜 그 말을 듣고 싶은가요?

2. 친구에게 듣기 싫은 말이 있나요?
   왜 듣기 싫은가요?

위인들의 빛나는 우정 2
"서로에게 빛과 생명이 되다." - 윈스턴 처칠과 알렉산더 플래밍

어느 부유한 귀족의 아들이 물에 빠져 허우적대고 있었습니다. "살려줘!" 그 외침을 듣고 한 시골 소년이 달려와 목숨을 구해 주었지요. 귀족의 아들은 자신의 생명을 구해 준 소년에게 깊은 감사의 뜻을 전했고, 둘은 친구가 되었습니다.

시골 소년의 꿈은 의사였습니다. 하지만 가난한 환경 때문에 공부를 할 수가 없었어요. 귀족의 아들은 아버지를 졸라 소년을 도와줬습니다. 친구의 도움으로 시골 소년은 런던의 의과대학에 다니며 열심히 공부했습니다. 이후 소년은 '페니실린'이라는 기적의 약을 만들어 냈어요. 그가 바로 1945년 노벨 의학상을 받은 알렉산더 플래밍입니다. 그리고 가난한 플래밍을 도와준 친구는 영국의 민주주의를 굳건히 지켜 낸 총리, 윈스턴 처칠이지요.

처칠은 전쟁에 참여했다가 폐렴을 앓고 죽을 위기에 놓이는데, 이때 플래밍이 발명한 페니실린으로 목숨을 구하게 됩니다. 친구가 그의 목숨을 두 번이나 살린 셈이지요. 이들은 서로의 삶에 빛과 생명이 되어 주며 소중한 우정을 지켜 나갔답니다.

제3장
마음은 달라도 우리는 친구

"가빈이 아직 안 왔어?"

교실에 오자마자 하루는 민주에게 물어보았어요. 항상 하루보다 일찍 와서 자리에 앉아 있던 가빈이가 보이지 않아 무슨 일이 생겼나 걱정되었거든요. 휑한 가빈이 자리를 보고 있으니 하루는 기분이 이상했어요.

"오늘 아파서 못 온대."

민주의 말에 하루는 다시 한 번 가빈이 자리를 바라보았어요. 그러고는 가빈이 의자를 발로 툭 건드렸어요. 가빈이가 학교에 오지 않은 건 오늘이 처음이에요.

하루는 가빈이가 아픈 것이 마치 자기 때문인 것만 같아서 마음이 무거웠어요. 어제 집에 가는 길에 엉엉 울던 가빈이의 얼굴이 자꾸 떠올라서 하루의 표정은 밝지 못했지요. 이럴 줄 알았으면 가빈이 얼굴을 그릴 걸 그랬나 봐요.

"가빈아! 어디 아프니? 병원 가자!"

출근했던 이모가 신발을 벗으면서 가빈이를 찾았어요.

이모는 회의가 있는 날인데도 가빈이가 아프다는 말에 서둘러 집에 오신 거예요. 아픈 가빈이만 두고 출근하기가 마음 아팠는지, 엄마가 이모에게 전화해서 가빈이를 좀 돌봐 달라고 했대요. 그런데 이게 웬일이에요! 누워 있어야 할 가빈이가 아픈 기색 없이 신나게 TV를 보며 과자를 먹고 있는 게 아니겠어요?

"고가빈! 아프다더니 노래가 나오냐? 꾀병이야?"

TV에 나오는 가수 노래를 따라 부르던 가빈이는 이모의 목소리에 놀라 재빨리 TV를 껐어요. 그러더니 머리에 손을 얹고 아픈 척을 했어요.

"이모, 나 머리 아파."

"엄마는 가빈이가 배탈 났다고 하던데."

"아, 맞다! 배도 아프고 머리도 아파. 너무 아파. 갑자기 왜 아프지?"

이모는 의심이 가득한 눈초리로 가빈이를 뚫어져라 쳐다봤어요.

"너, 꾀병 맞지? 엄마는 속였을지 몰라도 이모 눈은 절대 못 속인다!"

가빈이는 한 손에 과자를 든 채 고개만 푹 숙였어요.

"학교에서 무슨 일 있었어?"

이모의 질문에 가빈이는 이모를 가만히 바라봤어요.

"이모, 나 학교 가기 싫어."

가빈이는 어제 하루와 다퉜던 일에 대해 이모에게 조곤조곤 이야기했어요. 하루 때문에 서운했던 감정도요.

"가빈이가 잘못했네. 하루가 많이 당황했겠다."

"뭐라고? 내가 뭘 잘못했는데?"

가빈이가 잘못했다니! 가빈이는 도저히 이모의 말을 이해할 수 없었어요. 이모는 그런 가빈이가 귀엽다는 듯 양 볼을 살짝 꼬집었어요.

"왜? 이모가 네 편이 되어주지 않아서 서운하니?"

"당연하지! 이모는 내 이모잖아. 그런데 왜 하루 편을 들어? 이모 미워!"

가빈이는 이모를 등지고 휙 돌아섰어요.

"가빈아, 너는 무조건 네 편이 되어야만 좋은 거야? 네가 듣기 싫은 소리를 하면 널 위하는 게 아닌 거니?"

이모의 말이 서운해서 가빈이는 발끝만 바라보았어요. 귀여운 곰돌이 캐릭터가 그려진 양말에 눈물이 뚝뚝 떨어졌어요. 그제야 이모는 가빈이의 머리를 살살 쓰다듬었어요. 아직 어린 가빈이에게 너무 차갑게 말했나 싶어 살짝 미안한 마음도 들었고요.

"가빈아."

가빈이는 조금 전과 다른 이모의 부드러운 목소리에 눈물을 닦고 이모를 바라보았어요.

"우리 가빈이처럼 어린 나이에는 다양한 친구와 좋은 관계를 유지하는 게 좋아. 한 친구와 친하다고 해서 '너는 나랑만 친하게 지내야 해.'라고 생각하면 좋은 친구 관계를 유지할 수 없거든."

"아냐, 이모. 나는 하루가 나하고만 친했으면 좋겠단 말이야. 난 하루가 정말 좋아."

"그건 가빈이 욕심이야. 하루는 원래 모든 친구에게 친절하고 좋은 친구잖아. 가빈이도 그래서 하루를 좋아하는 거고. 이모 말이 맞지?"

하루는 이모가 말한 것처럼 모두에게 친절한 친구예요. 아무도 관심 갖지 않았던 가빈이에게도 늘 먼저 인사를 건넸고 친구들을 보면 항상 먼저 웃었어요. 하루의 주위에 항상 많은 친구가 있는 건 당연해요. 가빈이는 그런 하루가 참 좋고 부러웠어요.

그런 하루와 이제야 많이 친해졌는데, 자꾸 욕심이 커져서 하루를 가빈이만의 친구로 남겨 두고 싶었나 봐요. 막상 가빈이는 짝꿍 민주와 단짝 친구처럼 지내면서 말이에요.

이모의 말을 곰곰이 생각해 보니, 하루를 나만의 친구로 두려는 건 욕심이라는 생각이 들었어요. 이모 말대로 하루는 다른 친구에게도 모두 친절하게 대했으니까요.

가빈이는 힘이 쫙 빠졌어요. 이모는 어깨를 축 늘어뜨린 가빈이를 꽉 끌어안았어요.

"켁! 이모! 나 숨 막혀!"

"이 질투쟁이! 이모의 말의 뜻을 깨달은 것 같으니 상으로 이모가 맛있는 점심 살게! 햄버거 먹을까?"

"응!"

"엄마한테는 비밀이다."

가빈이는 알겠다는 듯 손가락으로 동그라미 표시를 해 보였어요.

가빈이는 소매로 눈물을 쓱 닦고는 햄버거를 사 주겠다는 이모 마음이 바뀔까 봐 얼른 밖으로 나왔어요. 그런데 멀리서 가빈이의 이름을 부르는 목소리가 들렸어요.

"야! 고가빈!"

한별이와 하루였어요.

"가빈아, 많이 아파?"

하루는 조용히 다가와 가빈이 이마를 짚어 보았어요. 가빈이는 대답 대신 고개만 절레절레 저었고요.

가빈이는 어제 하루에게 못되게 굴었던 일이 생각나 얼굴이 빨개졌어요. 아픈 것을 걱정해 주는 한별이와 하루의 마음이 고마웠지만, 고맙다는 말은 나오지 않았어요. 한별이도 가빈이가 괜찮은지 이리저리 살피더니 돌돌 말린 도화지 한 장을 내밀었어요.

"친구들이 전해 달래."

"친구들이?"

가빈이는 도화지를 조심스럽게 폈어요. 그 안에는 아픈 가빈이를 걱정하는 친구들의 글과 그림이 가득 담겨 있었어요. 민주, 효은이, 준혁이, 재석이 그리고 장난스럽지만 진심으로 걱정하는 한별이의 글, 하루의 걱정이 가득 담긴 그림도 있었어요.

가빈이는 친구들의 마음이 고마워서 눈물을 흘렸어요. 한별이는 그림이 젖을까 봐

도화지에 떨어진 눈물을 열심히 꾹꾹 눌러 닦았어요.

"가빈아, 이거 받아."
하루가 가방에서 뭔가를 꺼냈어요.
"이게 뭐야?"
"내가 그린 거야."
하루는 가빈이 손에 쥐여 주었어요. 가빈이는 그것을 펴 보다 '에헤헤' 소리를 내며 웃었어요. 눈에는 아직 눈물이 그렁그렁한 채로요.
'내 친구 고가빈'이라는 글씨와 함께 웃는 가빈이의 얼굴이 그려져 있었거든요.
"넌 웃는 얼굴이 더 예쁜데 그림은 좀 이상하지?"
"아니야. 정말 예뻐. 고마워, 하루야. 그리고 어젠 정말 미안했어."
가빈이는 용기 내어 어제의 일을 사과했어요.
가만히 서 있던 한별이가 갑자기 가빈이의 손에 들려 있는 도화지를 빼앗아 달아났어요. 가빈이는 얼른 한별이를 쫓아 달렸지요.

"이한별! 너 거기 안 서?!"

"메롱~ 나 잡아 봐라!"

한참을 술래잡기하듯 뛰어다니는 두 사람을 보며 하루는 못 말리겠다는 미소를 지었어요.

가빈이는 이제야 알았어요. 이모가 말한 그 어떤 보석보다 반짝이는 것이 바로 소중한 친구들의 미소였던 거예요.

그날 밤 가빈이는 그림일기를 썼어요. 한별이와 하루, 가빈이가 함께 미소 짓고 있는 모습을 그리고 예쁘게 색칠도 했어요. '보석보다 더 반짝반짝 빛나는 친구의 미소'라는 제목과 함께 말이에요.

친구들을 떠올리며 일기를 쓰는 가빈이의 얼굴에도 미소가 번졌어요. 밤하늘을 수놓은 아름다운 별처럼 반짝이는 미소 말이에요.

우리 우정은 소중해!

세상에서 제일 친하다고 생각했던 친구에게도 서운하다는 생각이 들었던 때가 있었을 거예요. 하지만 그것도 서로를 알아 가는 과정이고, 그런 과정을 통해 우정이 더 단단해지는 계기가 될 수도 있어요. 친구 사이에 오랫동안 우정을 유지할 수 있는 특별한 비법이 있을까요?

첫 번째, 친구의 생각을 존중해요.

아무리 친한 친구 사이라도 생각이 다를 때가 있을 거예요. 사람들의 생각은 얼마든지 다를 수 있거든요. 먼저 친구의 이야기를 끝까지 들어 준 뒤 자신의 생각을 말해 보세요. 서로 존중하고 배려한다면 다투는 일 없이 즐거운 시간을 보낼 수 있을 거예요.

두 번째, 친구를 소중히 대해요.

친하다고 친구의 물건을 멋대로 만지고 별명을 부르거나 약점

을 잡아 괴롭혀도 될까요? 가끔 친하다는 이유로 함부로 행동하는 친구들이 있어요. 그러나 친한 친구일수록 소중히 대해야 한답니다. 내가 친구에게 예의를 지킬 때, 친구 또한 나를 소중히 아껴 준다는 것을 꼭 기억하세요.

세 번째, 먼저 사과하는 친구가 멋진 친구예요.

자신이 잘못했는데도 오히려 화를 내거나 토라지면 친구와 멀어질 수밖에 없어요. 잘못을 인정하고 "미안해."라고 먼저 말할 수 있는 친구야말로 멋진 친구랍니다. 도저히 "미안해."라고 말할 용기가 없거나 쑥스럽다면 편지를 써 보세요. 진심 어린 사과는 사람의 마음을 움직일 수 있거든요.

네 번째, 나보다 잘한 친구에게 박수를 쳐 줘요.

지는 걸 좋아하는 사람은 아무도 없을 거예요. 하지만 누구나 이기기만 할 수는 없어요. 어떤 경쟁에서든 결과보다는 노력이 중요하답니다. 열심히 했다면, 나보다 잘한 친구에게 박수를 쳐 주세요. 항상 정정당당하게 실력을 겨룬다면 승패와 관계없이 우정은 점점 깊어질 거예요.

다섯 번째, 다양한 친구들과 어울리세요.

단짝 친구가 있다는 건 행복한 일이지만, 그렇다고 그 친구에게만 집착하면 안 돼요. 다양한 친구들과 사귀어 보세요. 여러 친구와 이야기하고 추억을 쌓는 일은 분명 즐거울 거예요. 친구들을 알아 가는 과정 속에서 공감과 이해, 배려의 마음도 커진답니다.

여섯 번째, '나'를 소중하게 여기고 사랑하세요.

자기 자신을 먼저 아끼고 사랑할 때 다른 사람도 사랑할 수 있어요. 그러니 자기 자신을 사랑하는 사람이야말로 친구를 소중히 여기고 사랑하는 최고의 친구가 될 수 있답니다.

같이 생각해요

1. 지금 가장 생각나는 친구는 누구인가요?
   왜 그 친구가 생각나나요?

2. 나는 어떤 친구가 되고 싶나요?
   그 이유는 무엇인가요?

위인들의 빛나는 우정 3
"생사를 함께 한 친구" - 사다함과 무관

　사다함과 무관은 신라 시대 화랑(몸과 마음을 수련하는 청소년 조직)이었어요. 이들은 서로 믿고 의지하는 친구였지요.

　나라를 위해 열심히 훈련하던 두 친구는 전쟁터로 나가게 되었어요. 가야를 정벌하는 군대에 지원한 것이죠. 생사를 넘나드는 전쟁터에서 이들의 우정은 더욱 굳건해졌어요. 사다함과 무관은 "살아도 함께 살고 죽어도 함께 죽자."는 맹세를 했지요.

　다행히 전쟁은 승리로 끝났어요. 두 사람은 큰 공을 세우고 돌아왔어요. 그러나 무관이 이름 모를 병에 걸리고 말았어요. 사다함은 친구의 곁을 떠나지 않고 정성스레 간병했지만, 결국 무관은 세상을 떠나고 말았습니다. 마음을 주고받던 친구가 없어진 사다함은 친구의 죽음을 무척 슬퍼했어요. 그리고 7일 후, 친구의 뒤를 따라 세상을 떠났답니다.

　화살이 날아다니는 전쟁터에서 영원한 우정을 맹세한 사다함과 무관. 나라와 벗을 위해 목숨을 바친 이들 화랑의 우정은 많은 사람들에게 감동을 주었답니다.

나도 이제 초등학생! OX 퀴즈!

학교에서 친구를 사귈 준비가 되었나요?

멋진 우정을 만들 거라고요?

그렇다면 마지막 관문!

OX 퀴즈를 풀어 보고 내 마음을 점검해 봐요.

맞는 답에 색칠하세요!

친구와 눈이 마주치면 웃으면서 인사를 해야 하나요?

 네, 친구에게 반갑게 인사를 할 거예요.

 아니오, 그냥 무시할 거예요.

친구를 부를 때 이름 대신 별명을 불러야 하나요?

 네, 내 마음대로 별명을 부를 거예요.

 아니오, 친구의 이름을 불러줄 거예요.

친구가 내게 사탕을 주었어요. "고마워!"라고 말해야 하나요?

 네, "고마워!"라고 예쁘게 말할 거예요.
 아니오, 사탕만 받아 먹을 거예요.

친구의 좋은 점을 칭찬해 주어야 하나요?

 네, 친구의 장점을 찾아 칭찬해 줄 거예요.
 아니오, 약점을 찾아 놀릴 거예요.

잘못을 했다면 친구에게 "미안해."라며 진심으로 사과해야 하나요?

 네, 진심으로 사과할 거예요.
 아니오, 그냥 모른 척 할 거예요.

단짝 친구가 다른 친구와 놀고 있다면 화를 내야 하나요?

 네, 무척 화를 내며 싸울 거예요.
 아니오, 다 같이 어울려 놀아요.